BEI GRIN MACHT SICH IHR WISSEN BEZAHLT

AF173265

- Wir veröffentlichen Ihre Hausarbeit,
  Bachelor- und Masterarbeit

- Ihr eigenes eBook und Buch -
  weltweit in allen wichtigen Shops

- Verdienen Sie an jedem Verkauf

Jetzt bei www.GRIN.com hochladen und kostenlos publizieren

Axel R. Langner

Staatlicher Interventionismus

Pro und Contra

GRIN Verlag

Bibliografische Information der Deutschen Nationalbibliothek:

Die Deutsche Bibliothek verzeichnet diese Publikation in der Deutschen National-
bibliografie; detaillierte bibliografische Daten sind im Internet über http://dnb.d-
nb.de/ abrufbar.

Dieses Werk sowie alle darin enthaltenen einzelnen Beiträge und Abbildungen
sind urheberrechtlich geschützt. Jede Verwertung, die nicht ausdrücklich vom
Urheberrechtsschutz zugelassen ist, bedarf der vorherigen Zustimmung des Verla-
ges. Das gilt insbesondere für Vervielfältigungen, Bearbeitungen, Übersetzungen,
Mikroverfilmungen, Auswertungen durch Datenbanken und für die Einspeicherung
und Verarbeitung in elektronische Systeme. Alle Rechte, auch die des auszugsweisen
Nachdrucks, der fotomechanischen Wiedergabe (einschließlich Mikrokopie) sowie
der Auswertung durch Datenbanken oder ähnliche Einrichtungen, vorbehalten.

Impressum:

Copyright © 1999 GRIN Verlag GmbH
Druck und Bindung: Books on Demand GmbH, Norderstedt Germany
ISBN: 978-3-656-59381-2

Dieses Buch bei GRIN:

http://www.grin.com/de/e-book/268357/staatlicher-interventionismus

GRIN - Your knowledge has value

Der GRIN Verlag publiziert seit 1998 wissenschaftliche Arbeiten von Studenten, Hochschullehrern und anderen Akademikern als eBook und gedrucktes Buch. Die Verlagswebsite www.grin.com ist die ideale Plattform zur Veröffentlichung von Hausarbeiten, Abschlussarbeiten, wissenschaftlichen Aufsätzen, Dissertationen und Fachbüchern.

Besuchen Sie uns im Internet:

http://www.grin.com/

http://www.facebook.com/grincom

http://www.twitter.com/grin_com

Staatlicher Interventionismus

Pro und Contra

28.05.1999

Axel R. Langner

Inhaltsverzeichnis

1. Einleitung

Meine Hausarbeit beschäftigt sich mit der Frage, ob und in wieweit es möglich ist, in einer freien Konkurrenzwirtschaft Angebot und Nachfrage nach Gütern, Arbeitskräften und Geldmittel so zu koordinieren, daß dauerhafte gesamtwirtschaftliche Stabilität erreicht wird und welche Mechanismen bzw. Lenkungsmaßnahmen sinnvoll bzw. notwendig sind um das Funktionieren der Marktwirtschaft zu gewährleisten.

2. Wirtschaftspolitik

In entwickelten Marktwirtschaften wird die Wohlstandsmaximierung als Oberziel der Wirtschaftspolitik angestrebt. Dieses Ziel soll erreicht werden durch wettbewerbliche Selbststeuerung mit staatlichem Ordnungsrahmen als primäres Regelungssystem und einer ergänzenden Wirtschaftspolitik als sekundäre Einflußnahme.

Die Aufgabe der Wirtschaftspolitik besteht in der Gestaltung und Sicherung der Wirtschaftsordnung gemäß politisch bestimmter Ziele, die die grundlegende Rechts- und Organisationsform, innerhalb der Wirtschaftssubjekte handeln und Wirtschaftsprozesse ablaufen, bezeichnet (Ordnungspolitik). Eine weitere Aufgabe liegt in der Einflußnahme auf die Struktur, den Ablauf sowie die Ergebnisse des arbeitsteiligen Wirtschaftsprozesses. Diese sekundäre Einflußnahme ergibt sich aufgrund eines Ergänzungs- und Korrekturbedarfes der marktmäßigen Koordination. Staatliche Eingriffe verfolgen deshalb ergänzend Allokations-, Distributions- und Stabilisierungs- sowie Wachstumsziele.

2.1 Die Allokationspolitik

Bei der Allokationspolitik geht es um Sicherung und Ergänzung der Selbststeuerungseffizienz durch den Wettbewerb. Die Allokationspolitik hat dabei zunächst zur Aufgabe, den Wettbewerb vor Vermachtungen zu schützen und u. U. sogar zu fördern . Ebenso läßt sich hier die staatliche Versorgung mit „öffentlichen Gütern", wie z.B. die innere und äußere Sicherheit, die marktmäßig nicht oder erschwert möglich ist, als Aufgabe der Allokationspolitik nennen. Schließlich greift der Staat bei der Regulierung der Umweltnutzung ein, hat somit den Umweltschutz zum Ziele.

2.2 Die Distributionspolitik

Distributionsziele ergeben sich aus den wettbewerblichen Ergebnissen aufgrund des Marktleistungsprinzips. Es werden Verteilungskorrekturen vorgenommen und zwar möglichst ohne Marktleistungsmotivationen zu beeinträchtigen. Hierzu zählt die Einkommens- und Vermögensangleichung (nach Bedürfniskriterien), die Förderung bestimmter Wirtschaftszweige oder -gebiete im Inland und schließlich die Wohlstandsangleichung für Entwicklungsländer.

2.3 Die Stabilisierungs- und Wachstumspolitik

Um die Ziele der Stabilität und des Wachstums zu verwirklichen wird versucht, die infolge der wettbewerblichen Selbststeuerung auftretende Varianz der Wirtschaftsaktivität, auszugleichen. Dabei werden das Ziel der Vollbeschäftigung, der Preisniveaustabilität, des außenwirtschaftlichen Gleichgewichts sowie quantitativem und qualitativem Wirtschaftswachstum verfolgt. (vgl. Punkt 3.)

Die wirtschaftspolitischen Ziele werden von den Trägern der Wirtschaftspolitk festgelegt, dabei darf jedoch darf keinesfalls die wettbewerbliche Selbststeuerung als primäres Regelungssystem beeinträchtigt werden. Die aufgeführten Ziele entbehren einer Vollständigkeit, sie sind auch nicht in eine Rangfolge faßbar. Sie rücken aber immer dann in den Blickpunkt des Interesses und gewinnen an Bedeutung, wenn die Abweichung der realen Wirtschaftslage von den eigentlichen Zielen als besonders negativ wahrgenommen wird. Als Problem erweisen sich ebenfalls die, durch Konstellationen in der Realität zustandekommenden Zielkonflikte, die die Inkompatibilität von Zielen manifestieren. Sie erfordert von den wirtschaftspolitischen Instanzen entweder eine Findung eines Kompromiß zwischen den Zielen oder eine Entscheidung über den Vorrang eines Zieles.

2.4 Instrumentarien des Staates

Zu den Instrumenten des Staates gehören:

- Geldpolitik: Die deutsche Bundesbank (Europäische Zentralbank) und Landeszentralbanken, die von der Regierung relativ unabhänig agieren, sind die wichtigsten Träger der Geldpolitik (Geldmengen- oder Zinspolitik), deren Ziel die Sicherung der Geldwertstabilität ist. Instrumente der Geldpolitik sind vor allem die Refinanzierungpolitik, die Variation der Mindestreservesätze, die Offenmarktpolitik und Einlagenpolitik sowie außenwirtschaftlich orientierte Maßnahmen.

- Finanzpolitik: Maßnahmen, die sich auf die Gestaltung von Staatsausgaben und Einnahmen beziehen. Durch Festlegung von Höhe und Art der Einnahmen und Ausgaben lassen sich sowohl Allokations- und Distributions- als auch Stabilisierungsziele verfolgen.

- Politik der direkten Eingriffe: Mit Ge- und Verboten werden die Privaten zu einem Tun oder Unterlassen angehalten. Diese Form der Politik wirkt am unmittelbarsten.Hierzu gehören u. a. Lohn- und Preispolitik und Wettbewerbspolitik.

Wirtschaftspolitische Entscheidungen müssen Ziel- und System- bzw. Konzeptionskonformität aufweisen.

3.Erörterung der Vor- und Nachteile staatlicher Interventionen

beispielhaft dargestellt an Möglichkeiten und Problematiken der Fiskalpolitik als konjunkturpolitische Maßnahme

Die Konjunkturpolitik ihrerseits ist, wie auch die Stabilitäts- und die Wachstumspolitik ein Bestandteil der Stabilisierungspolitik.

Die Entscheidung anhand dieses Beispiels eine Erörterung vorzunehmen, läßt sich dadurch begründen, daß sich bei der Frage nach der „richtigen" Stabilisierungskonzeption zwei Paradigmen gegenüber stehen, die sich grundlegend in Ausmaß und Ausgestaltung der stabilisierungspolitischen Aufgabe des Staates, damit auch im Einsatz interventionistischer Maßnahmen, unterscheiden.

3.1 Wirtschaftspolitische Paradigmen

Es stehen sich gegenüber das postkenyanische Paradigmar und das Neoklassisch-monetaristische. Das Haupt Untrerscheidungsmerkmal liegt in der sichtweise des martwirtschaftlichen Systems. Während die postkeynesianer von einer inhärenten instabilität des marktwirtschaftlichen Systems ausgehen und deshalb auf staatliche Unterstüzung setzen basiert das Neoklassisch- monetaristische Paradigma auf der inhärenten Stabilität des marktwirtschaftlichen Systemes ohne staatliche Interventionen, die ihrer Ansicht nach destabilisierend wirken. Postkeynesianer teilen dem Staat eine stabilisierungspolitische, speziell vollbeschäftigungspolitische, Aufgabe zu in Form der antizyklischen Steuerung der gesamtwirtschaftlichen Nachfrageaggregate (Globalsteuerung). Entscheidende Verantwortung kommt dabei der Fiskalpolitik zu, die Geldpolitik übernimmt lediglich eine begleitende Aufgabe. Bei den Neoklassikern tritt der Staat nicht durch Stabilisierungspolitisches Handeln in Erscheinung, insbesondere verzichtet er auf antizykylische Intervention und vollbeschäftigungspolitische Maßnahmen. Geldpolitik hat für Preisstabilität zu sorgen durch stetige Steuerung der Geldmengenentwicklung.

3.2 Konjunkturpolitik

Konjunkturschwankungen sind Schwankungen des Auslastungsgrades des Produktionspotentials mit Auswirkungen auf Größen wie Preisniveau oder Beschäftigung. Sie treten im Zeitablauf mit einer bestimmten Regelmäßigkeit auf, man spricht von Konjunkturzyklen. Daraus ergibt sich dann auch die Aufgabe der Konjunkturpolitik. Ziel der Konjunkturstabilisierungspolitik ist es wirtschaftlichen Ablauf auf einem optimalen auslastungsgrad zu stabilisieren. Der Auslastungsgrad ist entscheidend Ahänigig von den Nachfrageaggregaten.

"Allgemeine Aufgabe der Konjunkturpolitik ist es, die zyklischen Schwankungen des tatsächlich erzielten Volkseinkommens soweit wie möglich zu dämpfen und an das erwünschte Volkseinkommen bei Vollbeschäftigung und Preisniveaustabilität anzunähern (ohne als Nebenwirkung das Wachstum des gesamtwirtschaftlichen Produktionspotentials zu beeinträchtigen)." (Bartling/Luzius ,1998, 217)

In Phasen des Wirtschaftlichen Abschwungs, bei geringerer Nachfrage nimmt der Auslastungsgrad der Produktionsfaktorern(auch Faktor Arbeit) ab, im Phasen der Wirtschaftliche Aufschwungs läuf der Prozeß umgekehrt ab.

Eine geringe Nachfrage in Phasen wirtschaflichen Abschwungs hat zur Folge, daß die konjunkturelle Inflationsrate gegen Null tendiert. Umgekehrt resultiert aus einer erhöhten Nachfrage im wirtschaftlichen Aufschwung eine mögliche Überforderung der Kapazitäten und ist ein Anstieg der Konjunkturbedingten Inflation zu erwarten.

Zu den konjunkturpolitischen Maßnahmen zählen die Geld-, die Lohnpolitik sowie die Fiskalpolitik.(vgl. Punkt 3.3)

3.2.1 Das Ziel der Preisniveaustabilität und der Vollbeschäftigung

Preisnivaustabilität bedeutet das die Kaufkraft konstant bleibt d. h. das der Geldwert eines Güterbündels gleich bleibt.Ein Preisnivauanstieg hat eine Geldwertreduktion zur Folge und umgekehrt.

Vollbeschäftigung kann als Vollauslastung aller Produktionsfaktoren in der weiten Fassung definiert werden die enge Fassung dagegen beschräkt sich auf den Produktionsfaktor Arbeit.

Diese beiden Ziele sind auch im Gesetz zur Förderung der Stabilität und des Wachstums der Wirtschaft seit 1967 in der BRD rechtlich fixiert.(§1StabG)

Eine außenwirtschaftliche Absicherung ist dabei Voraussetzung für das Erreichen binnenwirtschaftliche Ziele, das Wachstumsziel ist als Vorziel für die Aufrechterhaltung eines hohen Beschäftigungsstandes anzusehen. Daraus ergeben sich die Ziele der Preisniveaustabilität und Vollbeschäftigung als Primärziele des gesamtwirtschaftlichen Gleichgewichtes.

3.3 Die Fiskalpolitik als konjunkturpolitische Maßnahme

Findet eine finanzpolitische Stabilisierung der konjunkturellen Schwankungen statt, so spricht man von der Fiskalpolitik. Es handelt sich damit um eine Konjunkturpolitik, in der der Staatshaushalt als Instrument herangezogen wird.

Die Stabilisierung kann grundsätzlich erfolgen in Form von

-automatischen Stabilisatoren, also ohne Ad-hoc-Veränderung staatlicher Ausgaben und Einnahmen und/oder

-fallweise antizyklischen Instrumenteneinsatz, der sich an der jeweiligen Konjunkturlage ausrichtet und durch Veränderungen der staatlichen Ausgaben und Einnahmen vollzogen wird. In Phasen des Booms, also bei konjunktureller Inflation, werden kontraktive Maßnahmen (Senkung der Staatsausgaben, Erhöhung der Steuern) eingesetzt, um den inflatorischen Nachfrageüberhang abzubauen und somit eine konjunkturelle Gleichgewichtslage, d.h. ein optimaler Auslastungsgrad des Produktionspotentials herzustellen. In der Rezession dagegen, also bei konjktureller Unterauslastung der Produktionsfaktoren und damit verbundene Arbeitslosigkeit, werden expansive Maßnahmen (Erhöhung der Steuern, Senkung der Staatsausgaben) eingesetzt, um die Nachfragelücke zu schließen.

Die Fiskalpolitik bezieht sich auch auf aus fiskalpolitischen Maßnahmen resultierende Budgetsalden, diese sollen jedoch im Rahmen des Referates vernachlässigt werden.

3.3.1 Automatische Stabilisatoren

Diese sollen in diesem Zusammenhang nur kurz erwähnt werden. Sie beziehen sich auf stationäre Wirtschaften.

Eine stabilisierende Wirkung ergibt sich durch den progressiven Steuertarif, da die Steuererträge auf Schwankungen des Sozialproduktes reagieren, ohne daß eine Gesetzesänderung vorgenommen wird. Steigen in der Hochkonjunktur die Einkommen, so steigen die Steuern ebenfalls und zwar überproportional, was tendenziell nachfragemindernd wirkt. Im Falle der Rezession vollzieht sich der umgekehrte Prozeß. Auch in Form von Staatsausgaben kann eine stabilisierende Wirkung erzielt werden. In diesem Zusammenhang sei auf die antizyklische Wirkung verschiedener Teile des sozialen Versicherungssystems hingewiesen. So führen nämlich beispielsweise Unterstützungszahlungen aus der Arbeitslosenversicherung dazu, daß deren Empfänger weiterhin kaufkräftige Nachfrage ausüben können und somit tendenziell dem Abschwung entgegenwirken.

Abschließend läßt sich jedoch sagen,daß die automatischen Stabilisatoren nur einen Teil der wirtschaftlichen Schwankungen ausgleichen und langfristig auch eine destabilisierende Wirkung haben können, wenn sie statt antizyklisch eher prozyklisch eingesetzt werden. Daher richtet sich der Blick auf zusätzliche , antizyklische fiskalpolitische Maßnahmen.

3.3.2 Antizyklische Fiskalpolitik

Antizyklische Steuerung setzt voraus, daß die fiskalpolitischen Akteure unmittelbar oder zumindest mittelbar über Veränderungen staatlicher Aktionsparameter auf die Nachfrage einwirken können. Dies wiederum setzt das Bekanntsein deren Bestimmungsfaktoren voraus.

3.3.2.1 Antizyklische Ausgabenpolitik und ihre Problematik

Die konjunkturelle Entwicklung kann im Rahmen der antizyklischen Ausgabenpolitik über eine antizyklische Variation der Ausgaben für Güter und Dienste und auch durch Transfer- sowie Subventionsausgaben beeinflußt werden.

-Variation der staatlichen Konsumausgaben

Mit staatlichem Konsum sind fast ausschließlich die Ausgaben für öffentliche Bedienstete gemeint, daher gestaltet sich die Variation der staatlichen Konsumausgaben als äußerst problematisch. Veränderungen dieser Ausgaben hätten nämlich eine geringe Erhöhung der Löhne und Gehälter in der Rezession und eine starke Erhöhung im Boom zur Konsequenz. Somit blieben die öffentlichen Bediensteten aus der allgemeinen Einkommensentwicklung ausgeschlossen.

-Variation der staatlichen Investitionsausgaben

Die Ausgaben des Staates über Güter und Dienste entscheiden über die Höhe der Beschäftigung und damit über das Sozialprodukt unmittelbar mit. Auf diesem Wege kann der Staat demnach einen Beitrag zur Verminderung bzw. Beseitigung der Arbeitslosigkeit leisten. Staatliche Investitionen sind nach Keynes die geeignetste Maßnahme zur Konjunkturstabilisierung, denn die Sickerverluste bleiben gering, die Multiplikator- und Akzeleratorwirkung hingegen ist hoch, d.h. die Änderung der Staatsausgaben ändert die gesamtwirtschaftliche Nachfrage um ein Vielfaches der Ausgabenvariation. Durch Erhöhung der Investitionen der Unternehmer ‚bedingt durch die Volkseinkommens- und Konsumerhöhung, wird der Multiplikatorprozeß noch beschleunigt.

Bei zusätzlichen Investitionsausgaben in der Rezession geht eine bessere Versorgung mit öffentlichen Investitionen (Bauten) einher, umgekehrt sollte im Boom eine Drosselung der öffentlichen Bautätigkeit den gesamtwirtschaftlichen Nachfrageüberhang verringern. Da die Investitionen nur für bestimmte Branchen geleistet werden, kann es zu strukturellen Verzerrungen kommen. Läßt die Nachfrage in der Rezession nach und es kommt zu einer Erhöhung der staatlichen Bautätigkeit, so bezieht sich diese auf dieses enge Branchenfeld, unbeachtet der Struktur der ausgefallenen Nachfrage. Einschränkung der staatlichen Investitionen könnte ebenso Branchen betreffen, bei denen kein Nachfrageüberhang besteht. So ist es wichtig im konkreten Fall die strukturellen Wirkungen zu prüfen.

Weiterhin ist einzuwenden, daß die Manövriermasse des Staates sehr eingeschränkt ist und nur etwa 10-20% der Gesamtausgaben beträgt. Der größte Teil der Investitionen wird ohnehin von den Gemeinden getätigt. Diese neigen aber zu einem eher prozyklischen Ausgabenverhalten, worauf der Bund, als politischer Verantwortungsträger jedoch nur indirekt Einfluß ausüben kann. Berücksichtigt werden müssen außerdem, die von Investitionen ausgehenden Wachstumseffekte. Durch eine Verschiebung oder Verhinderung der Investitionen, die sich meist auf den Ausbau der Infrastruktur erstrecken, geht u.U. eine eingeschränkte Wachstumsmöglichkeit aus. Fraglich ist ebenfalls, ob im Bereich der Infrastruktur nicht in diesem Fall Defizite entstünden (z.B. Bau von Straßen, Kindergärten etc.), die zum Gegenstand wirtschaftspolitischer Zielkonflikte würden.

-Variation der Transfer- und Subventionsausgaben

Die Transferausgaben verfolgen das Ziel der sozialen Sicherung. „*Sie können und sollten nicht zum Spielball der Konjunkturpolitik degradiert werden.*" (Pätzold, 1993, 177) In Erwägung ist lediglich das zeitliche Vorziehen von ohnehin geplanten Erhöhungen während der Rezession und ohnehin geplanten Kürzungen im Boom zu ziehen.

Im Hinblick auf die Subventionen an Unternehmen ist festzustellen, daß eine Kürzung bzw. Aufhebung von Subventionen während des Booms neben konjunkturpolitischen Zielen auch Wettbewerbs- Allokations- und Verteilungszielen entgegenkommt, auch wenn keine auffallenden kontraktiven Wirkungen in Zeiten optimistischer Gewinn- und Absatzerwartungen anzunehmen sind.

Auch Erhöhung der Subventionen stellt ein geeignetes , aber teures Instrument zur Investitionsbelebung dar. Dies trifft zumindest im Falle einer Koppelung der Subventionsvergabe an den Investitionsakt zu. Allerdings besteht die Gefahr, daß ein „Investitionslochs" nach dem Auslaufen der Maßnahme entsteht. Hinzu kommt, daß diese Maßnahme einen endgültigen Steuerausfall nach sich zieht, was sie fiskalisch teuer macht. Insgesamt ist festzuhalten, daß die Ausgabenpolitik des Staates nur bedingt als ein geeignetes Instrument der antizyklischen Konjunkturpolitik angesehen werden kann.

3.3.2.2 Antizyklische Einnahmenpolitik und ihre Problematik

Die antizyklische Einnahmenpolitik meint im Prinzip die Steuerpolitik. Im folgenden werden nun die Maßnahmen dargestellt:
-Veränderung der Steuersätze und/oder
-Veränderung der Steuerbemessungsgrundlagen
Sie sind im Stabilitäts- und Wachstumsgesetz rechtlich fixiert, so daß sie in Form von Rechtsverordnungen mit Zustimmung des Bundesrates schnell einsetzbar sind.
Der Einsatz der steuerpolitische Maßnahmen können die Beeinflussung der privaten Güternachfrage als auch die Steuerung der privaten Investitionstätigkeit zum Ziele haben.

-Beeinflussung des privaten Konsums
 Steuerpolitische Maßnahmen wirken sich auf das zu Verfügung stehende Einkommen aus und haben somit Einfluß auf das Konsumverhalten der Wirtschaftssubjekte. Merklich wird sich die Konsumnnachfragereaktion infolge steuerpolitischer Maßnahmen bei den Beziehern mittlerer und niedriger Einkommen verändern, während bei den Beziehern der höheren Einkommen wohl kaum Änderungen feststellbar sind. *"Die Maßnahme „verpufft" im Sparverhalten"*.(Pätzold, 1993, 179)
Steuersenkungen zur Anregung privater Konsumnachfrage wären in der Rezession ohne Widerstände durchsetzbar, wurden in der Realität doch eher zur Steuerung der privaten Investitionstätigkeit eingesetzt, da hier Einbrüche als Folge akzelerativer Entwicklungen besonders zu erwarten sind. Erwähnenswert ist ebenfalls, daß diese steuerpolitische Maßnahme bei nur geringen Senkungen keine erkennbaren Wirkungen erzielt.
Bei Erhöhungen der Einkommenssteuer hingegen in Zeiten des Booms ist mit Widerständen zu rechnen, weshalb sie politisch kaum durchsetzbar sind.Die Widerstände der Bezieher geringer und mittlerer Einkommen begründen sich darin, daß sie in Zeiten des Booms eine

Steuererhöhung auferlegt bekommen, wohingegen in der Rezession die Unternehmer durch Steuerentlastung oder Subventionen begünstigt werden(Verteilungspolitische Asymmetrie). Werden die unteren Einkommensgruppen jedoch nicht in die Maßnahmen miteinbezogen, bleibt diese aber praktisch unwirksam.

Folglich gibt es also Maßnahmen, die aus konjunkturpolitischer Sicht sinnvoll erscheinen, sich diese politisch jedoch nicht vertreten lassen.

-Beeinflussung der privaten Investitionstätigkeit

Auch steuerpolitische Maßnahmen zum Zwecke der Beeinflussung der privaten Investitionstätigkeit sind unter Vorbehalt einzusetzen. So können Steuersenkungen in der Rezession möglicherweise nicht die gewünschte Wirkung erzielen, wenn prinzipiell pessimistische Gewinn- und Absatzerwartungen vorherrschen. Es entstehen Sickerverluste.

Steuererhöhungen dagegen erzielen häufig ihre beabsichtigte Wirkung. Besonders die Verminderung der Abschreibungsmöglichkeiten wirkt nachfragehemmend. Es können u.U. auch hier kontraproduktive Reaktionen auftreten. Die infolge der Verminderung der Abschreibungsmöglichkeiten auftretende Mehrbelastung der Unternehmer könnten diese durch eine Steigerung des Preisniveaus umlegen. Weiterhin bleibt fraglich, ob ein Einsatz kurzfristiger steuerpolitischer Maßnahmen auf das eher langfristig angelegte Investitionsverhalten einwirken kann.

Zusammenfassend ist festzuhalten, daß steuerliche Veränderungen zwar flexibler und daher günstiger als ausgabepolitische Maßnahmen sind, sie aber auch Nachteile aufweisen und vielfach politisch nicht durchsetzbar sind.

3.4 Verschiedene Kritikansätze zur antizyklischen Fiskal- /Konjunkturpolitik

Konjunkturpolitische Maßnahmen richten sich nach Konjunkturdiagnosen und -prognosen. Diese sind, unabhängig von der gewählten Methode recht unsicher.bei der daraufbasierenden Auswahl eines geeigneten Instrumentes zur Stabilisierung müssen die Nebeneffekte der jeweiligen Instrumente, dazu zählen auch politische Nebenfolgen, die sich z.b. in Form von Wahlergebnissen zeigen können, berücksichtigt werden. Problematisch gestaltet sich nun erst recht die Dosierung der Maßnahme, wird sie doch auf dem Hintergrund einer recht unsicheren Prognose vorgenommen..

Weiter ist zu bemerken, daß die Effizienz mit zunehmenden Anwendung konjunkturpolitischer Maßnahmen geringer wird, da sich die Wirtschaftssubjekte auf Maßnahmen einstellen und diese somit neutralisieren (Theorie der rationalen Erwartungen).

„Letztlich läuft die Theorie der rationalen Erwartungen auf die These hinaus, daß eine anfänglich erfolgreiche Konjunkturpolitik Lernprozesse bei den Betroffenen in Gang setzt und sich selbst ihrer Grundlagen beraubt." (Pätzold, 1993, 200)

Eine wichtige Entscheidung fällt auch bei der Zeitwahl des Mitteleinsatzes. Wesentlich ist hierbei die auftretenden Wirkungsverzögerungen , vom Erkennungsprozeß der Diskrepanz zwischen Ziel und Lage bis zum Wirksamwerden der ergriffenen Maßnahme, zu beachten. Werden die Maßnahmen zu spät ergriffen, wirken sie statt antizyklisch eher prozyklisch.

Eine prozyklische Wirkung kann auch dann entstehen, wenn kontraktive Maßnahmen nicht konsequent eingesetzt werden, weil dies zu Zeiten des Booms nicht opportun erscheint. Belastende kontraktive Maßnahmen werden in der Realität solange zurückgehalten, bis die Erforderlichkeit den Wählern deutlich ist. Dies birgt jedoch die Gefahr einer Stop-and-Go-Politik, die daraus resultiert, daß kontraktive Maßnahmen erst in der Spätphase des Booms erfolgen, sodaß in dem darauf folgenden Abschwung schnell wieder auf expansive Maßnahmen ungestellt werden muß. Umgekehrt werden in der Rezession u.U. zu stark expansive Maßnahmen eingesetzt, um Wählerstimmen zu gewinnen.

Weiterhin stellt sich die Frage, *„ob die Asymmetrie der öffentlichen Ausgabenvariation [.....] die antizyklische Ausgabengestaltung nicht zu sehr hemmt."* (Bartling/Luzius, 1998, 243)

Diese Frage basiert auf der Feststellung, daß im Boom Folgekosten zusätzlicher Ausgaben in der Rezession getragen werden müssen.

Ein anderer kritischer Ansatz basiert auf der mangelnden Verteilungsaneutralität konjunkturpolitischer Maßnahmen. So werden in der Rezession vorwiegend Investoren entlastet, im Boom dagegen die Konsumenten belastet. (vgl.3.3.2.2)

Aus langfristigen Verschuldungen des Staates, infolge dauerhafter Einnahme- und Ausgabenentscheidungen, können strukturelle Budgetdefizite hervorgehen. Diese haben möglicherweise eine Zurückhaltung von Investoren und Konsumenten zur Folge, wenn sie Staatsverschuldung als wirtschaftlich bedenklich einstufen. Die zunehmende Staatsverschuldung bedingt eine Zunahme von Zinsen und Tilgungen. Die hierfür benötigten Mittel haben an anderer Stelle unweigerlich Kürzungen zur Folge.

„Als zentrales Argument gegen die beschäftigungsfördernde Wirkung einer Erhöhung der staatlichen Ausgaben werden verschiedene Varianten des Crowding- out-Argumentes angeführt." (Baßeler u. a., 1991, 329) Dieses beinhaltet, daß der Staat entweder private Investitionen direkt oder über verschiedene Wirkungsketten verdrängt. So geschieht tendenziell eine Verdrängung der privaten Investitionen durch staatliche Kreditaufnahmen, da diese zu steigenden Zinsen auf dem Kapitalmarkt führen.

Im Gegensatz zu der antizyklischen Fiskalpolitik bietet eine mittel- bis längerfristig angelegte Fiskalpolitik die Möglichkeit, auch über längere Zeiträume zu denken und zu planen. So kann es durchaus sinnvoll sein, auf hohe Arbeitslosenzahlen mit einer dauerhaften Erhöhung der Staatsausgaben zu reagieren, um regulierend auf die Nachfrage einzuwirken. Ein Nachteil der kurzfristigen Orientierung ist auch, daß Arbeitsplätze nur über die Nachfragepolitik wieder besetzt, nicht aber neu geschaffen werden.

Aus ordnungspolitischer Sicht sind konjunkturpolitische Maßnahmen unzulässige Interventionen in die Marktwirtschaft. *„Die Konjunkturpolitik führe letztlich zur Transformation des Wirtschaftssystems."* (Pätzold, 1993, 204) Begründet und rechtfertigt diese wird Aussage damit, daß entweder als Folge zunehmender Wirkungslosigkeit globaler Maßnahmen wieder direkte Eingriffe vorgenommen werden, oder daß Verteilungskämpfe ein Ergebnis der Eindämmung der Konjunkturschwankungen und somit der Beseitigung des Arbeitsplatz- und Insolvenzrisikos sind. Die Verteilungskämpfe leiten einen Austausch der Marktmechanismen in „Machtmechanismen" ein. Die „reinigende" Funktion von Krisen würde durch konjunkturpolitische Maßnahmen unterbunden.

Aufgrund zunehmender Fehlentwicklungen findet seit Anfang der 80er Jahre eine Rückbesinnung der seit der Rezession 1966/67 keynesianische orientierten Wirtschaftspolitik zu neoliberalen Grundsätzen statt.

Literaturverzeichnis

Bartling, Hartwig/Luzius, Franz: Grundzüge der Volkswirtschaftslehre.Einführung
in die Wirtschaftstheorie und Wirtschaftspolitik. München: Vahlen 1998, 12.Aufl.

Baßeler, Ulrich/Heinrich, Jürgen/Koch, Walter: Grundlagen und Probleme der
Volkswirtschaft. Köln: Wirtschaftsverlag Bachem 1992, 13., überarb. und erw. Aufl.

Hardes, Heinz-Dieter/Rahmeyer, Fritz/Schmid, Alfons: Volkswirtschaftslehre. Eine
problemorientierte Einführung. Tübingen: Mohr 1986, 15., vollst. überarb.Aufl.

Klippert, Heinz /Siege, Hannes u.a.:Lernfeld Wirtschaft. Weinheim, Basel: Beltz 1980

Pätzold, Jürgen: Stabilisierungspolitik. Grundlagen der nachfrage- und
angebotsorientierten Wirtschaftspolitik. Bern; Stuttgart; Wien: Haupt 1993, 5., vollst.
überarb. und aktual. Aufl.

Rüther, Günter (Hrsg.): Soziale Marktwirtschaft. Bonn:Köllen 1994

Streit, Manfred E.: Theorie der Wirtschaftspolitik. Düsseldorf: Werner 1983, 3.
unveränd. Aufl.

Teichmann, Ulrich: Grundriß der Konjunkturpolitik. München: Vahlen 1982, 3., verb. u.
erw.   Aufl.